EL GOZO

de la

ORACIÓN

de fe

JOYCE MEYER

CASA
CREACIÓN

Josue 1-9

AvAo

La mayoría de los productos de Casa Creación están disponibles a un precio con descuento en cantidades de mayoreo para promociones de ventas, ofertas especiales, levantar fondos y atender necesidades educativas. Para más información, escriba a Casa Creación, 600 Rinehart Road, Lake Mary, Florida, 32746; o llame al teléfono (407) 333-7117 en Estados Unidos.

El gozo de la oración de fe por Joyce Meyer
Publicado por Casa Creación
600 Rinehart Road, Lake Mary, Florida 32746
www.casacreacion.com

Originally published in the U.S.A under the title:
The Joy of Believing Prayer;
published by Warner Faith
Copyright © 2002 by Joyce Meyer
All rights reserved.

Edición en español, Copyright © 2015 por Casa Creación
Todos los derechos reservados

This edition published by arrangement with FaithWords/
Hachette Book Group, Inc.
New York, New York, USA. All rights reserved.

Traducción: Samuel Vera
Edición: M & L Enterprises Group, LLC
Director de diseño: Justin Evans

Visite la página web de la autora: www.joycemeyer.com

Library of Congress Control Number: 2015941065
ISBN: 978-1-62998-313-4
E-book ISBN: 978-1-62998-367-7

Impreso en los Estados Unidos de América
15 16 17 18 19 * 6 5 4 3 2 1

CONTENIDO

LA ORACIÓN SENCILLA DE FE

Si no oramos, lo mejor que puede pasar es nada, para que las cosas permanezcan tal como son, lo cual es lo suficientemente espantoso en sí. Todos necesitamos cambiar, y la manera de obtenerlo es a través de la oración.

LA PALABRA DE DIOS PARA USTED

Y orando, no uséis vanas repeticiones, como los gentiles, que piensan que por su palabrería serán oídos. [1 Reyes 18:25-29]

MATEO 6:7

Uno
LA ORACIÓN SENCILLA DE FE

Por muchos años, estaba yo insatisfecha con mi vida de oración. Estaba comprometida con orar cada mañana, pero siempre sentí que faltaba algo. Finalmente le pregunté a Dios qué estaba mal, y respondió en mi corazón, diciendo: "Joyce, no sientes que tus oraciones son lo suficientemente buenas". No estaba disfrutando de la oración, porque no tenía confianza alguna de que mis oraciones fueran aceptables.

A menudo, nos envolvemos en nuestras propias obras en cuanto a la oración. A veces, intentamos orar por tanto tiempo, tan fuerte o elocuentemente que perdemos de vista el hecho de que la oración es simplemente conversación con Dios. La longitud, sonoridad o elocuencia de la oración no son el asunto. Son la sinceridad de nuestro corazón y la confianza en que Dios nos oye y nos contestará, lo que sí importan.

Debemos desarrollar la confianza de que si aun decimos sencillamente: "Dios, ayúdame", Él oye y contestará. Podemos depender en que Dios es fiel para hacer lo que le hemos pedido hacer, mientras que nuestra petición esté en acuerdo con su voluntad. Debemos saber que Él quiere ayudarnos, porque Él es nuestro ayudador (vea Hebreos 13:6).

La oración sencilla de fe viene directamente del corazón y va directamente al corazón de Dios.

LA PALABRA DE DIOS PARA USTED

Dos hombres subieron al templo a orar: uno era fariseo, y el otro publicano. El fariseo, puesto en pie, oraba consigo mismo de esta manera: Dios, te doy gracias porque no soy como los otros hombres, ladrones, injustos, adúlteros, ni aun como este publicano; ayuno dos veces a la semana, doy diezmos de todo lo que gano. Mas el publicano, estando lejos, no quería ni aun alzar los ojos al cielo, sino que se golpeaba el pecho, diciendo: Dios, sé propicio a mí, pecador. Os digo que éste descendió a su casa justificado antes que el otro; porque cualquiera que se enaltece, será humillado; y el que se humilla será enaltecido.

LUCAS 18:10-14

LA ORACIÓN HUMILDE

Para que la oración sea sincera debe provenir de un corazón humilde. En esta lección sobre la oración enseñada por Jesús mismo, vemos que el fariseo oró "ostentosamente", queriendo decir que oró pretenciosamente, haciendo un espectáculo externo extravagante. No había nada secreto ni sincero tan siquiera en cuanto a su oración. Hasta dice que él oró "consigo mismo". En otras palabras, sus oraciones nunca pasaron de dos pulgadas de sí mismo; estuvo tan envuelto en lo que él hacía.

El segundo hombre de la historia, un colector de impuestos despreciado y "pecador impío" en los ojos de muchos, se humilló, inclinó su cabeza, y calladamente, con humildad, le pidió a Dios que le ayudara. En respuesta a su oración humilde y sincera, toda una vida de pecado fue limpiada en un solo momento. Este es el poder de la oración sencilla de fe.

Edifique su fe sobre el hecho de que la oración humilde de fe es poderosa. Crea que usted puede orar en cualquier lugar, a cualquier hora, sobre lo que sea. Crea que sus oraciones no tienen que ser perfectas ni elocuentes ni largas. Manténgalas sencillas y llenas de fe.

Recibimos la gracia de Dios cuando nos humillamos delante de Él, echando todas nuestras ansiedades sobre Él, y confiando en que Él se encargará de ellas tal como lo ha prometido en su palabra.

LA PALABRA DE DIOS PARA USTED

Y yo también te digo, que tú eres Pedro, y sobre esta roca edificaré mi iglesia; y las puertas del Hades no prevalecerán contra ella. Y a ti te daré las llaves del reino de los cielos; y todo lo que atares en la tierra será atado en los cielos; y todo lo que desatares en la tierra será desatado en los cielos. [Isaías 22:22]

MATEO 16:18-19

AUTORIDAD MEDIANTE LA ORACIÓN

Como no somos tan sólo criaturas físicas, sino también seres espirituales, podemos pararnos en el reino físico y afectar la esfera espiritual. Esto es un privilegio muy definido y una ventaja. Podemos entrar a la esfera espiritual mediante la oración y llevar a cabo la acción que causará cambio en cada situación. *Dios es Espíritu . . .* (Juan 4:24), y cada contestación que necesitamos para cada situación está en Él.

Jesús le dijo a Pedro que Él le daría las llaves del Reino de los cielos. Las llaves abren las puertas y creo que aquellas llaves (por lo menos, en parte) pueden representar varios tipos de oración. Jesús prosiguió a enseñarle a Pedro sobre el poder de atar y desatar, lo cual opera según el mismo principio espiritual.

Jesús también le hablaba a Pedro sobre el poder de la fe en el versículo 18 y sabemos que la fe radical se libera mediante la oración. El poder de atar y desatar también es ejercido en la oración.

Cuando usted y yo oramos en cuanto a la liberación de alguna atadura en nuestras vidas o en la vida de otros, estamos, en efecto, atando aquel problema y desatando una contestación. El hecho de orar ata la maldad y desata la bondad.

Jesús nos ha conferido el poder y la autoridad para utilizar las llaves del Reino para llevar a cabo la voluntad de Dios en la tierra.

LA PALABRA DE DIOS PARA USTED

Pedro y Juan subían juntos al templo a la hora novena, la de la oración...

HECHOS 3:1

EL HÁBITO DE LA ORACIÓN

Muchas personas se sienten vagamente culpables en cuanto a su vida de oración, porque se comparan ellos mismos con otros. Dios es un Dios creativo y quiere que cada persona tenga su propia vida de oración. No tiene que ser tal como la de cualquier otro.

Sí, hay principios definidos de oración que tienen que ser seguidos. Como vemos en el libro de los Hechos, los primeros discípulos apartaron ciertas horas al día para ir a un lugar designado para orar. Es una autodisciplina buena, pero eso debe ser el comienzo de la oración y no el final. Debemos disciplinarnos para establecer un horario de oración que nos viene bien a cada uno por individual y luego mantenernos con él hasta que se vuelva tan parte de nuestro estilo de vida que lo hagamos sin pensarlo.

Todo el día podemos estar en continua comunión con el Señor, alabándolo y adorándolo a Él, agradeciéndole por su presencia con nosotros y pidiendo su ayuda en todos nuestros problemas. Luego, justo antes de irnos a la cama, podemos ofrecerle una última oración de gratitud por las bendiciones del día, y una petición por una noche de descanso refrescante y de paz.

**Dios quiere que la oración sea una
parte normal de nuestras vidas.**

LA PALABRA DE DIOS
PARA USTED

Orad sin cesar.

1 TESALONICENSES 5:17

---

*Orando en todo tiempo con toda
oración y súplica en el Espíritu, y
velando en ello con toda perseverancia
y súplica por todos los santos.*

EFESIOS 6:18

EFES
6:18

ORE SIN CESAR

Solía preguntarme: *Señor, ¿cómo puedo alguna vez llegar al lugar donde puedo orar sin cesar?* Para mí, la frase "sin cesar" quería decir *sin parar*; sin parar jamás. No podía ver cómo fuera posible.

Ahora tengo un mejor entendimiento sobre lo que Pablo decía. Él quiso decir que la oración debe ser como respirar, algo que hacemos continuamente pero, a menudo, inconscientemente. Nuestros cuerpos físicos requieren la respiración. De la misma manera, nuestros cuerpos espirituales son diseñados para ser nutridos y sustentados por la oración continua.

El problema es que por causa del pensamiento religioso tenemos la idea equivocada que si no mantenemos cierto horario de oración no estamos dando en el blanco. Si nos volvemos muy "religiosos" en cuanto a la oración, pensando que debemos hacerlo de una manera u otra porque así es como lo hace otro, traeremos condenación sobre nosotros mismos. La lección importante sobre la oración no es la postura ni la hora ni el lugar, sino aprender a orar en fe, en todo momento: sin cesar.

**Es el Espíritu Santo quien lo guiará
a usted en la oración sin cesar.**

LA PALABRA DE DIOS PARA USTED

Por nada estéis afanosos, sino sean conocidas vuestras peticiones delante de Dios en toda oración y ruego, con acción de gracias. Y la paz de Dios, que sobrepasa todo entendimiento, guardará vuestros corazones y vuestros pensamientos en Cristo Jesús.

FILIPENSES 4:6-7

LA ORACIÓN PRODUCE PAZ

En este pasaje, el apóstol Pablo no dice: "Oren y afánense". En vez de esto, él dice: "Oren y no se afanen". ¿Por qué hemos de orar y no afanarnos? Porque la oración se supone que sea usada como la manera en que *echemos nuestras ansiedades* sobre el Señor.

Cuando el diablo intenta causarnos ansiedad, estamos supuestos a dar la vuelta y entregarle esa ansiedad a Dios. La oración es eso; nuestro reconocimiento al Señor de que no podemos llevar nuestra carga de ansiedad, así que lo echamos todo sobre Él. Si oramos en cuanto a algo y luego seguimos preocupándonos sobre el asunto, mezclamos una actitud positiva y otra negativa. Las dos se cancelan la una con la otra, dejándonos justo en el lugar donde comenzamos: en cero.

La oración es una fuerza positiva; la preocupación es una fuerza negativa. El Señor me ha enseñado que la razón por la cual muchas personas operan espiritualmente en el nivel de poder cero es porque cancelan el poder positivo de la oración al ceder al poder negativo de la preocupación.

Mientras estemos preocupados, no confiamos en Dios. Es tan sólo por confiar, por tener fe y confianza en el Señor, que podemos entrar en su descanso y disfrutar de la paz que sobrepasa todo entendimiento.

**Tome una decisión ahora de echar todas
sus cargas sobre el Señor y comience
a ver cómo Él cuida de usted.**

LA PALABRA DE DIOS
PARA USTED

*Venid a mí todos los que estáis trabajados
y cargados, y yo os haré descansar. Llevad
mi yugo sobre vosotros, y aprended de
mí, que soy manso y humilde de corazón;
y hallaréis descanso para vuestras almas.*

MATEO 11:28-29

---

*Pero los que hemos creído entramos en
el reposo, de la manera que dijo: Por
tanto, juré en mi ira, No entrarán en mi
reposo; m aunque las obras suyas estaban
acabadas desde la fundación del mundo.*

HEBREOS 4:3

LA ORACIÓN
PRODUCE DESCANSO

Si no estamos en descanso, no estamos creyendo, porque el fruto de creer es el reposo.

Por muchos años de mi vida, afirmaba: "Oh, le estoy creyendo a Dios; estoy confiando en el Señor". Pero no estaba haciendo ninguna de las dos. No sabía ni lo más mínimo en cuanto a creerle a Dios o confiar en el Señor. Estaba ansiosa, llena de pánico, irritable y tensa todo el tiempo.

Tal como podemos estar involucrados en una actividad externa, podemos estar involucrados en una actividad interna. Dios no quiere que tan sólo entremos en su reposo en nuestro cuerpo, sino también quiere que entremos en su reposo en nuestra alma.

Para mí, hallar descaso, alivio, tranquilidad, refrigerio, recreación y una calma bendecida para mi alma quiere decir ser libre de la actividad mental. Quiere decir no tener que vivir en el tormento del razonamiento, intentando siempre llegar a una respuesta que no tengo. No tengo que preocuparme; sino que puedo permanecer en un lugar de paz silenciosa y reposar por medio de la oración.

Si verdaderamente estamos creyéndole a Dios y confiando en el Señor, hemos entrado en su reposo. Hemos orado y echado nuestra ansiedad sobre Él y ahora moramos en la paz perfecta de su presencia santa.

Usted puede hablarle a su alma enfurecida y mente torturada su palabra, tal como Jesús les habló al viento y las olas, y dijo: "Calla, enmudece".

LA PALABRA DE DIOS PARA USTED

Por quien también tenemos entrada por la fe a esta gracia en la cual estamos firmes, y nos gloriamos en la esperanza de la gloria de Dios. Y no sólo esto, sino que también nos gloriamos en las tribulaciones, sabiendo que la tribulación produce paciencia; y la paciencia, prueba; y la prueba, esperanza.

ROMANOS 5:2-4

LA ORACIÓN PRODUCE
PACIENCIA Y ESPERANZA

Es fácil decir: "No se preocupe". Pero para hacerlo en realidad requiere una experiencia con Dios. No creo que haya manera alguna que una persona puede vencer por completo el hábito de la preocupación, la ansiedad y del miedo, y desarrollar el hábito de la paz, el reposo y la esperanza sin años de experiencia

Por eso es tan importante continuar teniendo fe y confianza en Dios en el mismo medio de las pruebas y tribulaciones. Debemos resistir firmemente la tentación de rendirnos y darnos por vencido cuando las cosas se nos dificultan y se empeoran durante un período largo. Es en esos momentos difíciles de prueba que el Señor edifica en nosotros la paciencia, la resistencia y el carácter que eventualmente producirán el hábito de la esperanza gozosa y confiada.

Cuando usted y yo estamos en medio de la batalla en contra de nuestro enemigo espiritual, por cada ronda que pasamos se produce experiencia valiosa y fuerza. Cada vez que soportamos un ataque, nos fortalecemos más. Si nos mantenemos y nos negamos a rendirnos, tarde o temprano seremos más de lo que el diablo pueda aguantar. Cuando eso suceda, habremos alcanzado la madurez espiritual.

Le servimos a un Dios tan maravilloso que las cosas que Satanás quiere para nuestro mal, Él las resolverá para nuestro bien.

LA PALABRA DE DIOS
PARA USTED

*Todos éstos perseveraban
unánimes en oración y ruego.*

HECHOS 1:14

harmonia prubiene del
latin tambien deriba del
griego sinificado
ACUERDO JUNTARSE no
conectarse

LA ORACIÓN UNIDA
O CORPORATIVA

Cuando quiera que los creyentes estén unidos en oración corporativa hay un gran poder presente. Jesús mismo dijo: "Porque donde están dos o tres congregados en mi nombre, allí estoy yo en medio de ellos" (Mateo 18:20).

A través del libro de los Hechos, leemos que el pueblo de Dios se reunió "unánimemente" (Hechos 2:1, 46; 4:24; 5:12; 15:25). Y fue su fe unida, el acuerdo corporativo y la presencia de Jesús por medio del Espíritu Santo los que hicieron sus oraciones tan efectivas. Ellos vieron a Dios moverse en maneras poderosas para confirmar la verdad de su palabra mientras dieron testimonio de su fe en Jesús.

Y en Filipenses 2:2 se nos dice por medio del apóstol Pablo: "Completad mi gozo, sintiendo lo mismo, teniendo el mismo amor, unánimes, sintiendo una misma cosa".

Pablo nos da un principio importante en cuanto a la oración corporativa. Si les prestamos atención a estas palabras, y entramos en armonía y acuerdo los unos con los otros y con Dios, experimentaremos la misma clase de resultados poderosos que los discípulos del primer siglo disfrutaron en el libro de los Hechos.

Cuando se unan ustedes para orar, ¡estén a la expectativa de que Dios les muestre su poder!

LA PALABRA DE DIOS
PARA USTED

*Dijo más Jehová a Moisés: Yo he visto a este
pueblo, que por cierto es pueblo de dura
cerviz. Ahora, pues, déjame que se encienda
mi ira en ellos, y los consuma; y de ti yo
haré una nación grande. Entonces Moisés
oró en presencia de Jehová su Dios, y dijo:
Oh Jehová, ¿por qué se encenderá tu furor
contra tu pueblo, que tú sacaste de la tierra
de Egipto con gran poder y con mano fuerte?*

*Acuérdate de Abraham, de Isaac y de Israel
tus siervos, a los cuales has jurado por ti
mismo, y les has dicho: Yo multiplicaré
vuestra descendencia como las estrellas
del cielo; y daré a vuestra descendencia
toda esta tierra de que he hablado, y
la tomarán por heredad para siempre.
Entonces Jehová se arrepintió del mal que
dijo que había de hacer a su pueblo.*

ÉXODO 32:9-11, 13-14

DIOS CAMBIA A LA GENTE MEDIANTE LA ORACIÓN

La intercesión de Moisés a favor de los hijos de Israel es un ejemplo conmovedor que representa cómo la oración sincera puede cambiar el pensamiento de Dios.

Hay momentos que puedo sentir que Dios se está cansando de soportar a alguien que no le está obedeciendo, y me encuentro siendo dirigida a orarle a Dios para que tenga misericordia de aquella persona y le dé a ese individuo otra oportunidad.

Como Jesús le dijo a sus discípulos en el Getsemaní, debemos "velar y orar" (Mateo 26:41). Necesitamos orar los unos por los otros, sin juzgar y criticar entre nosotros mismos. Si observamos a la gente, podremos ver cuándo necesita estímulo, cuándo se siente deprimida, con miedo, insegura, o está experimentando cualquier número de problemas obvios. Dios nos permite discernir su necesidad para así ser parte de la solución, no parte del problema. Recuerde que no somos el alfarero. Lo es Dios, y ciertamente no sabemos cómo "arreglar" la gente.

La gente que está adolorida no necesita a alguien con un espíritu de orgullo que intenta *arreglarla*; necesita aceptación, amor y oración.

¡Ore! ¡Ore! ¡Ore! Es la única manera que podemos cumplir en la economía de Dios. Si hacemos las cosas a su manera, podremos obtener resultados buenos siempre.

Tenemos que estar orando y dejar que Dios esté obrando.

LA PALABRA DE DIOS PARA USTED

*Porque nosotros somos colaboradores
de Dios, y vosotros sois labranza
de Dios, edificio de Dios.*

1 CORINTIOS 3:9

---

*¿No sabéis que sois templo de Dios, y que
el Espíritu de Dios mora en vosotros?*

1 CORINTIOS 3:16

SOMOS EL LUGAR
DE ORACIÓN

Bajo el viejo pacto, el templo fue la casa de Dios, el lugar de oración para su pueblo, los hijos de Israel. Y no se escatimaron a la hora de embellecer el templo donde la gente se reunía para adorar al Señor, su Dios. En 1 Reyes 6 tenemos una descripción del templo de Salomón, el cual contenía el arca del pacto, el compromiso de Dios de su presencia.

Bajo el nuevo pacto, el apóstol Pablo nos instruye que la presencia de Dios es ahora un ministerio revelado de Cristo en nosotros: "La esperanza de gloria" (Colosenses 1:27). Por causa de la unión que ahora tenemos en Cristo, somos el templo vivo de Dios. Somos habitados por el Espíritu Santo, un edificio que aún se encuentra bajo construcción, más sin embargo, sigue siendo su casa, su tabernáculo. Por eso es que Pablo nos enseña con bastante lujo de detalles cómo es que debemos vivir una vida santa. Somos un templo del Dios vivo.

Mientras que los hijos de Israel tuvieron que ir a un lugar específico para ofrecer su adoración con instrucciones detalladas, tenemos el privilegio increíble de adorar a Dios en cualquier lugar y momento. Por ende, debemos ser llamados "una casa de oración".

**Nos convertimos en el santuario de Dios
porque la presencia del Santo está en nosotros.**

Cómo orar efectivamente

No hay nada más poderoso para cambiar nuestras vidas y las que están a nuestro alrededor que la mano de Dios moviendo en respuesta a nuestra oración continua y sincera.

LA PALABRA DE DIOS PARA USTED

La oración eficaz del justo puede mucho.

SANTIAGO 5:16

Dos
CÓMO ORAR EFECTIVAMENTE

Llegué a un punto en mi vida de oración donde me sentí frustrada, así que comencé a buscar de Dios en cuanto a eso. Quería la seguridad de que "la oración eficaz del justo puede mucho". Quería que el poder de Dios estuviera disponible para cambiar la situación o bendecir la vida de aquella persona por quien estaba orando.

Si hemos de aprender cómo orar efectivamente, tenemos que decir: "Señor, enséñame a orar". Él le mostrará a usted las llaves para poder orar de una manera más efectiva. Las llaves abren y cierran. Las llaves reflejan autoridad. Quien tiene las llaves tiene la autoridad. Cuando oramos de esta manera, le estamos pidiendo al Señor que revele sus principios de oración que harán efectivas nuestras oraciones. Le exhorto a comenzar a buscar la voluntad de Dios cuando ora, porque habrá una unción sobre la oración que está alineada a su voluntad. Dios me mostró que orar fervientemente quiere decir poner todo su ser, toda su atención, su mente, su voluntad, sus emociones, y todo lo que es usted en lo que está orando. Él está más interesado en la calidad de la oración que en la cantidad de la misma.

**Sea persistente sin vergüenza
alguna en la oración.**

LA PALABRA DE DIOS
PARA USTED

La oración del justo es poderosa y eficaz.

SANTIAGO 5:16, NVI

LA ORACIÓN FERVIENTE

Para que la oración sea eficaz debe ser ferviente. Sin embargo, si malentendemos la palabra *ferviente,* puede que nos sintamos obligados a "revolver" alguna emoción fuerte antes de orar; de otra manera nuestras oraciones no serán eficaces.

Sé que hubo muchos años en los cuales creía de esta manera, y tal vez de igual manera usted ha estado confundido o decepcionado. Mire a algunas otras versiones de este versículo y pueden que aclaren el mismo: "oración ferviente…puede mucho"; "ejercer una influencia poderosa"; "tiene un efecto poderoso".

Creo que esta escritura quiere decir que nuestras oraciones deben provenir de nuestro corazón y no sólo de nuestra cabeza.

A veces experimento una gran cantidad de emociones al orar. A veces hasta lloro. Pero hay muchas veces que no me siento emocional. La oración de fe no es posible si no basamos el valor de nuestra oración en las emociones. Me acuerdo haberme disfrutado tanto aquellos momentos de oración en los que podía sentir la presencia de Dios, y luego contemplar qué estaba mal durante los momentos que no *sentía* nada. Aprendí después de un tiempo que la fe no se basa en los *sentimientos* de las emociones pero en el conocimiento del corazón.

Confíe que sus oraciones sinceras y serias son eficaces porque su fe está en Él, no en su propia habilidad de vivir de una manera santa u orar elocuentemente.

LA PALABRA DE DIOS PARA USTED

La oración eficaz del justo puede mucho. Elías era hombre sujeto a pasiones semejantes a las nuestras, y oró fervientemente para que no lloviese, y no llovió sobre la tierra por tres años y seis meses.

SANTIAGO 5:16-17

LA ORACIÓN DEL JUSTO

Santiago nos dice que la oración ferviente del "justo" es poderosa. Esto quiere decir un creyente que no está bajo condenación, uno que tiene su confianza en Dios y en el poder de la oración. No quiere decir que no tenga imperfección alguna en su vida.

Elías fue un hombre de Dios quien no siempre se portaba perfectamente, pero no permitió que sus imperfecciones le robaran la confianza en Dios. Elías tuvo fe, pero también tuvo miedo. Él fue obediente, pero a veces también fue desobediente. Él amaba a Dios y quería cumplir con su voluntad y llamamiento sobre su vida. Pero a veces se rendía a las debilidades humanas e intentaba evitar las consecuencias de aquella voluntad y llamamiento.

En 1 Reyes 18 lo vemos moviéndose en un poder tremendo, invocando bajar fuego del cielo para matar a cuatrocientos profetas de Baal. Inmediatamente después lo vemos huyendo lleno de miedo de Jezabel, volviéndose negativo y deprimido, y hasta deseando la muerte.

Tal como muchos de nosotros, Elías permitió que sus emociones tomaran ventaja de él. Él era un ser humano tal como nosotros, pero aun así hizo oraciones poderosas. Su ejemplo debería darnos suficiente "poder de las escrituras" para vencer la condenación cuando se levanta para decirnos que no podemos orar lo suficientemente poderoso por causa de nuestras debilidades y fallas.

**¡Nunca subestime el poder de la
oración eficaz y ferviente!**

LA PALABRA DE DIOS PARA USTED

Y al orar, no hablen sólo por hablar como hacen los gentiles, porque ellos se imaginan que serán escuchados por sus muchas palabras. No sean como ellos, porque su Padre sabe lo que ustedes necesitan antes de que se lo pidan.

MATEO 6:7-8, NVI

CORTO Y PRECISO

Creo que Dios me ha instruido a orar y hacer peticiones con la menor cantidad de palabras posible. Si puedo mantener mi petición muy sencilla y no confundir el asunto al intentar salir con demasiadas palabras, mi oración en realidad parece ser más clara y poderosa.

Tenemos que gastar nuestra energía liberando nuestra fe, no repitiendo frases vez tras vez que tan sólo sirven para volver la oración larga y complicada.

En realidad, me ha sido difícil mantener mis oraciones cortas y precisas. Empecé a darme cuenta que el problema mío al orar fue que no tenía suficiente fe de que mi oración llegaría si fuera corta, sencilla y al grano. Había caído en la misma trampa de muchos: la mentalidad de "mientras más larga, mejor". No quiero decir que promuevo orar por un corto período, más bien sugiero que cada oración sea sencilla, directa, al grano y llena de fe.

Como ahora sigo la dirección de Dios para mantenerla sencilla y hacer mi petición con la menor cantidad de palabras posible, experimento una mayor liberación de la fe mía y sé que Dios me ha oído y que contestará.

**Si las oraciones suyas son complicadas,
simplifíquelas. Si no está orando
lo suficiente, ore más.**

LA PALABRA DE DIOS
PARA USTED

*Pedid, y se os dará; buscad, y hallaréis;
llamad, y se os abrirá. Porque todo
aquel que pide, recibe; y el que busca,
halla; y al que llama, se le abrirá.*

MATEO 7:7-8

¿CUÁNTAS VECES DEBO ORAR?

No creo que podemos hacer algunas reglas estrictas en cuanto al tema de cuán a menudo debemos orar sobre el mismo asunto. Sí creo que hay algunas directrices que se pueden aplicar para que tengamos más confianza en el poder de la oración.

Si mis hijos necesitan algo, quisiera que confiaran en mí para hacer lo que me han pedido hacer. No me molestaría, y hasta podría gustarme, si me dijeran ocasionalmente: "Bueno, mamá, tengo muchos deseos de aquellos zapatos nuevos". Esa declaración me dejaría saber que ellos creyeron que yo iba a cumplir lo que había prometido. En realidad, me estarían recordando la promesa que les hice, pero de una forma que no cuestionaría mi integridad.

A veces creo que cuando le pedimos a Dios lo mismo vez tras vez, es una señal de duda e incredulidad, no de fe y persistencia.

Cuando le pido al Señor algo en oración, y esa petición me viene a la mente después, le vuelvo a hablar sobre el asunto. Pero cuando lo hago, me abstengo de pedirle lo mismo como si yo pensara que no me había oído la primera vez. Le doy gracias al Señor que Él está obrando en la situación sobre la cual oré previamente.

La oración persistente y fiel construye aun más la fe y confianza en nosotros mismos mientras continuamos orando.

LA PALABRA DE DIOS
PARA USTED

Y esta es la confianza que tenemos en él, que si pedimos alguna cosa conforme a su voluntad, él nos oye. Y si sabemos que él nos oye en cualquiera cosa que pidamos, sabemos que tenemos las peticiones que le hayamos hecho.

1 JUAN 5:14-15

¡CREA QUE DIOS LE OYE!

En Juan 11:41-42, justo antes de que Jesús mandara a llamar a Lázaro de la tumba, Jesús oró: "Padre, te doy gracias porque me has escuchado. Ya sabía yo que siempre me escuchas, pero lo dije por la gente que está aquí presente, para que crean que tú me enviaste" (NVI). ¡Qué confianza!

Satanás no quiere que tengamos ese tipo de confianza tampoco. Pero le exhorto una vez más: *¡Tenga confianza!* Tome la decisión de que usted es un creyente, no un mendigo. Vaya al trono en el nombre de Jesús; su nombre recibirá atención.

Como mi ministerio se transmite en la televisión, unas cuantas personas saben quién soy, y a algunas personas les gusta utilizar mi nombre. A mis empleados les gusta decir: "Trabajo para Joyce Meyer", y a mis hijos les gusta decir: "Joyce Meyer es mi madre". Ellos creen que les favorecerán más si mencionan mi nombre a quienes se aproximan.

Si esto nos funciona como seres humanos, sólo piense cuán bien nos funcionará en el reino celestial, especialmente cuando usamos el nombre que es sobre todo nombre: ¡el bendito nombre de Jesús! (Filipenses 2:9-11)

Vaya delante de Dios valientemente. Con confianza. En el nombre de Jesús.

LA PALABRA DE DIOS PARA USTED

Aconteció que estaba Jesús orando en un lugar, y cuando terminó, uno de sus discípulos le dijo: Señor, enséñanos a orar, como también Juan enseñó a sus discípulos. Y les dijo: Cuando oréis, decid: Padre nuestro que estás en los cielos, santificado sea tu nombre. Venga tu reino. Hágase tu voluntad, como en el cielo, así también en la tierra. El pan nuestro de cada día, dánoslo hoy. Y perdónanos nuestros pecados, porque también nosotros perdonamos a todos los que nos deben. Y no nos metas en tentación, mas líbranos del mal.

LUCAS 11:1-4

CONOZCA A DIOS
COMO SU PADRE

Por muchos años, recitaba el padre nuestro y realmente no conocía a Dios, y mucho menos como mi Padre. No tenía ningún tipo de relación íntima con Dios. Simplemente repetía algo que había aprendido.

Si usted quiere ser efectivo en su vida de oración, tiene que conocer a Dios como su Padre. Cuando los discípulos le pidieron a Jesús que les enseñara a orar, Él les enseñó lo que conocemos como el padre nuestro, el cual es una casa de tesoros espirituales conteniendo los principios de la oración. Pero ante todo, Jesús comenzó con instruirles a decir: "Padre nuestro que estás en los cielos, santificado sea tu nombre".

Jesús les mostraba la importancia de ver la relación privilegiada que Él había venido a traer a cada uno de los creyentes. Él les dijo que necesitaban una relación con Dios como su Padre si esperaban ir delante de Él en oración. No vaya delante de Dios como si Él fuera algún ogro al cual le tiene usted miedo, sino desarrolle una relación de Padre e hijo con Él. Esa relación íntima le dará a usted la libertad de pedirle las cosas que no le hubiera pedido usted a Él si tuviera una relación rígida e inflexible con Él.

Nuestro padre celestial anhela darles buenos regalos a sus hijos.

**Cuando ore, recuerde que tiene un
padre amoroso que le escucha.**

LA PALABRA DE DIOS
PARA USTED

Les dijo también: ¿Quién de vosotros que tenga un amigo, va a él a medianoche y le dice: Amigo, préstame tres panes, porque un amigo mío ha venido a mí de viaje, y no tengo qué ponerle delante; y aquél, respondiendo desde adentro, le dice: No me molestes; la puerta ya está cerrada, y mis niños están conmigo en cama; no puedo levantarme, y dártelos? Os digo, que aunque no se levante a dárselos por ser su amigo, sin embargo por su importunidad se levantará y le dará todo lo que necesite.

LUCAS 11:5-8

CONVIÉRTASE EN AMIGO DE DIOS

La clave de esta escritura es *la amistad*. El hombre en la historia fue de medianoche a buscar pan para su amigo necesitado. Si la persona a quien va no es amigo suyo, usted no persistirá desvergonzadamente. Jesús les estaba diciendo a sus discípulos que Dios está mucho más dispuesto a darnos lo que necesitamos que el hombre de la historia estuviera dispuesto a darle a su amigo. Jesús dijo: "Vosotros sois mis amigos, si hacéis lo que yo os mando" (Juan 15:14). Hablamos de una actitud de corazón correcta, que obedecerá a Dios sin importar lo que le cueste. Ese es uno de los criterios para ser amigo de Dios. También se convierte usted en su amigo porque pasa mucho tiempo con Él.

Dice Isaías 41:8: "Pero tú, Israel, siervo mío eres; tú, Jacob, a quien yo escogí, descendencia de Abraham mi amigo". Qué cosa tan maravillosa es que Dios le llame su amigo. Cuando Dios iba a traer juicio decía: "¿Encubriré yo a Abraham lo que voy a hacer…?" (Génesis 18:7). Y como su amigo, usted puede esperar tener conocimiento de primera mano sobre lo que Dios hace.

Mientras más amigo cercano se vuelva usted de Dios, más audacia tiene a la hora de orar.

LA PALABRA DE DIOS PARA USTED

Acerquémonos, pues, confiadamente al trono de la gracia, para alcanzar misericordia y hallar gracia para el oportuno socorro.

HEBREOS 4:16

¡Sea valiente!

Cuando usted y yo oramos, debemos asegurarnos de acercarnos a Dios como creyentes, no como mendigos. Recuerde: conforme a Hebreos 4:16, hemos de llegar valientemente al trono, no miserablemente, sino valientemente; no agresivamente, sino valientemente.

Asegúrese de mantener el equilibrio. Manténgase respetuoso, pero sea valiente. Acérquese a Dios con confianza. Crea que Él se deleita en sus oraciones y está listo para contestar cualquier petición que va de acuerdo con su voluntad.

Como creyentes, debemos conocer la Palabra de Dios, la cual es su voluntad. Por lo tanto, nos debe ser fácil orar de acuerdo con la voluntad de Dios. No se acerque a Dios preguntándose si lo que usted le pide es su voluntad. Resuelva ese asunto en su corazón *antes* de orar.

Mientras que usted y yo llegamos valientemente delante del trono de la gracia de Dios, cubiertos con la sangre de Jesús, pidiendo de acuerdo a su palabra y en el nombre de su hijo, Jesucristo, podemos saber que se nos ha concedido lo que le hayamos pedido. No porque seamos perfectos o dignos de nosotros mismos, o porque Dios nos deba algo, pero porque Él nos ama y quiere darnos lo que necesitamos para cumplir con el trabajo que nos ha llamado a hacer.

Jesús ha comprado una herencia gloriosa para nosotros mediante el derramamiento de su sangre. Como coherederos juntamente con él, podemos orar valientemente.

LA PALABRA DE DIOS PARA USTED

*Pero vosotros, amados, edificándoos
sobre vuestra santísima fe, orando
en el Espíritu Santo.*

JUDAS 20

ORE EN EL ESPÍRITU

Tal como nos dice Efesios 6:18 que no tan sólo debemos orar en todo tiempo con todo tipo de oraciones, también se nos dice aquí por Judas que nuestras oraciones deben ser "en el Espíritu Santo". El apóstol Pablo nos dice en Romanos 8:26 que cuando no sabemos cómo orar, el Espíritu Santo sabe cómo orar en nuestra debilidad.

Es el Espíritu Santo de Dios dentro de nosotros quien nos provoca y nos guía a orar. En vez de demorarnos debemos aprender a ceder a la guía del Espíritu tan pronto como somos dirigidos. Eso es parte de aprender a hacer todo tipo de oraciones en todo tiempo, dondequiera que estemos sin importar lo que estemos haciendo.

Nuestro lema debe ser el del cántico espiritual antiguo: "Cada vez que sienta al Espíritu moverse en mi corazón, oraré". Si sabemos que podemos cuando sea y donde sea, no sentiremos que tenemos que esperar justo por el momento o el lugar correcto para orar.

Cuando oramos en el Espíritu Santo, podemos saber que nuestras oraciones están llegando al trono de Dios y se contestarán.

Pídale al Espíritu Santo que se involucre en todo lo que usted haga. Él es el ayudador y está a la espera de que usted pida.

LA PALABRA DE DIOS PARA USTED

Porque no nos ha dado Dios espíritu de cobardía, sino de poder, de amor y de dominio propio.

2 TIMOTEO 1:7

ORE Y NO TEMA

Dios quiere que oremos acerca de todo y que no temamos a nada. Podemos evitarnos muchos problemas si oráramos más, y nos preocupáramos y temiéramos menos. Timoteo dice que Dios no nos ha dado un espíritu de temor. Así que cuando sentimos temor, eso no es de Dios. Cualquier tipo de temor, sea pequeño o grande, no es de Dios. Es del diablo, y el diablo intentará intimidarnos con todo tipo de temor para que no oremos.

Si Abraham, Josué o David hubieran doblado rodilla para temer cuando la tarea delante de ellos parecía abrumadora, nunca hubieran experimentado a Dios como su provisión abundante.

La oración y la Palabra de Dios le darán el poder de vencer al temor. Memorice escrituras para que cuando usted sienta temor, pueda abrir la boca y confesar aquellas escrituras en voz alta en una oración llena de fe. De hecho, creo que una de las cosas más importantes que podemos hacer en nuestro tiempo de oración es caminar alrededor y confesar la Palabra.

Muy a menudo, cuando tenemos algo que debemos confrontar y lidiar, comenzamos a sentirnos temerosos y amedrentados, preguntándonos y razonando qué debemos hacer. El temor debe ser confrontado. No puede simplemente desear que el temor se aleje. Tiene que confrontarlo con la Palabra de Dios.

Vístase de la armadura de Dios mediante la oración y párese firmemente contra todos los dardos de fuego de temor del enemigo.

LOS TIPOS DE ORACIÓN

Como creyentes, tenemos la autoridad espiritual para hacer la voluntad de Dios en la tierra mediante la oración.

LA PALABRA DE DIOS PARA USTED

Exhorto ante todo, a que se hagan rogativas, oraciones, peticiones y acciones de gracias, por todos los hombres; por los reyes y por todos los que están en eminencia, para que vivamos quieta y reposadamente en toda piedad y honestidad. Porque esto es bueno y agradable delante de Dios nuestro Salvador.

1 TIMOTEO 2:1-3

TRES
LOS TIPOS DE ORACIÓN

Dios me tuvo que enseñar algunas lecciones en cuanto a orar en fe, entender que el Espíritu Santo me estaba ayudando a orar, y que Jesús estaba intercediendo juntamente conmigo (Romanos 8:26; Hebreos 7:25). ¡Dos de las personas de la Deidad me estaban ayudando a orar!

¿Cuándo a menudo debemos orar? En todo tiempo. ¿Cómo debemos orar? En el Espíritu, con distintos tipos de oración. Creo que si le permitimos a Él hacerlas, el Espíritu Santo nos introducirá a la oración sin cesar para que se vuelva semejante al respirar. Cuando esto suceda podremos ofrecer oraciones continuamente.

Ahora quisiera discutir sobre los tipos de oración que vemos en la Palabra de Dios. Deberíamos ejercer varios tipos de oración con regularidad. Son sencillas, pueden hacerse en cualquier lugar y momento, y son más efectivas cuando se hacen de un corazón que cree.

Dios sí oye nuestras oraciones y sí responde a ellas. Eso es lo que las vuelve tan poderosas y efectivas.

LA PALABRA DE DIOS PARA USTED

Otra vez os digo, que si dos de vosotros se pusieren de acuerdo en la tierra acerca de cualquiera cosa que pidieren, les será hecho por mi Padre que está en los cielos.

MATEO 18:19

(LA ORACIÓN DE ACUERDO)

Primero, permítame decir que creo que esta oración sólo se puede hacer por dos personas o más que están comprometidos a vivir en un acuerdo. Esta oración no es para las personas que generalmente viven en contienda y luego deciden que necesitan ponerse de acuerdo por causa de algún tipo de milagro porque están desesperadas.

Debido a que el poder de la oración se multiplica cuando estamos de acuerdo con los que están a nuestro alrededor (1 Pedro 3:7), tenemos que estar de acuerdo en todo tiempo, no tan sólo cuando nos enfrentamos a una situación de crisis. Habrá momentos en nuestras vidas donde nos enfrentaremos a algo que es más grande que nosotros mismos. En tales momentos, será sabio de nuestra parte orar con alguien que está junto a nosotros en esa situación.

Si usted siente que no tiene en su vida con quien pueda estar de acuerdo en oración, no se desespere. Usted y el Espíritu Santo pueden estar de acuerdo. Él está aquí en la Tierra junto a usted y mora dentro de usted como hijo de Dios.

¡Hay poder en el acuerdo! Haga la oración de acuerdo, ¡especialmente cuando siente que necesita un poco más de poder de oración!

LA PALABRA DE DIOS PARA USTED

Oh Jehová, oye mi oración, escucha mis ruegos; respóndeme por tu verdad, por tu justicia.

SALMOS 143:1

¡Quién me diera que viniese mi petición, y que me otorgase Dios lo que anhelo!

JOB 6:8

(LA ORACIÓN DE PETICIÓN)

Esta oración es, sin lugar a dudas, la más usada. Cuando le pedimos a Dios, es algo para nosotros mismos. Otra palabra para la petición es *requisición*. Es una demanda o petición hecha en cuanto a algo que una persona tiene derecho legalmente, pero aún no posee, tal como en el caso del ejército cuando un oficial solicita algún equipo o provisión para sus soldados. Como oficial del ejército de los Estados Unidos, tiene derecho a aquellos materiales, pero para poderlos recibir tiene que someter una petición detallada.

Cuando llegamos delante del Señor con una petición, solicitamos de Él algo que ya se ha apartado para proveérnoslo cuando surja la necesidad. Por tal razón, frecuentemente ejercemos nuestro derecho de pedirle a Dios. Claro que no está mal pedirle a Dios que haga cosas por nosotros, pero nuestras peticiones deben ser bien balanceadas con alabanza y acción de gracias. Podemos ser audaces al pedir a Dios por cualquier tipo de necesidad en nuestras vidas. No se nos limita a cierta cantidad de peticiones al día. Podemos sentirnos tranquilos al hablar con Dios con respecto a cualquier cosa que nos concierne, porque Él la conoce de antemano y está dispuesto a concedernos las peticiones nuestras.

**Cuando usted esté en problemas, llegue
al trono antes de llegar al teléfono.**

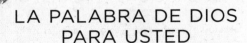

LA PALABRA DE DIOS
PARA USTED

*...hablando entre vosotros con salmos,
con himnos y cánticos espirituales,
cantando y alabando al Señor en
vuestros corazones; dando siempre
gracias por todo al Dios y Padre, en el
nombre de nuestro Señor Jesucristo.*

EFESIOS 5:19-20

---

*Así que, ofrezcamos siempre a Dios, por
medio de él, sacrificio de alabanza, es
decir, fruto de labios que confiesan su
nombre. [Lev. 7:12; Isa. 57:19; Os. 14:2.]*

HEBREOS 13:15

LA ORACIÓN DE ALABANZA Y ADORACIÓN

La alabanza es una narración o un cuento en la cual podemos relatar sobre las cualidades buenas de un individuo, en este caso, Dios. Debemos alabar al Señor continuamente. Cuando digo "continuamente" quiero decir durante todo el día. Debemos alabarlo por su obras poderosas, las maravillas que ha creado y hasta las obras de gracia que aún ha de hacer en la vida de cada uno de nosotros.

Un sacrificio de alabanza quiere decir hacerlo aun cuando no siente hacerlo. Debemos alabar a Dios por su bondad, misericordia, amor, gracia, y su naturaleza sufrida y paciente en las buenas como en las malas. Mientras esperamos ver el cumplimiento de nuestras oraciones, debemos ofrecerle a Dios continuamente el fruto de labios que con agradecimiento reconoce y confiesa su glorioso nombre.

No es nuestra responsabilidad preocuparnos o intentar "jugar a Dios" al tomar en nuestras manos las situaciones que deben dejarse sólo a Él. En cambio, es nuestra responsabilidad echar nuestras ansiedades sobre el Señor, confiar en Él, orar sin preocupación, evitar las obras de la carne, continuar en obediencia, llevar buen fruto y ofrecerle sacrificio de alabanza.

Que un sacrificio de alabanza esté en nuestras bocas continuamente por las maravillosas obras de gracia que ha hecho por nosotros.

LA PALABRA DE DIOS PARA USTED

Dad gracias en todo, porque esta es la voluntad de Dios para con vosotros en Cristo Jesús.

1 TESALONICENSES 5:18

LA ORACIÓN DE
ACCIÓN DE GRACIAS

Después de decirnos "orad sin cesar", el apóstol Pablo nos dirige a dar gracias a Dios en todo, sin importar las circunstancias nuestras, diciendo que esta es la voluntad de Dios para nosotros.

Tal como la oración ha de ser un estilo de vida para nosotros, así también lo debe ser la acción de gracias. Darle gracias a Dios no debe ser algo que hacemos una vez al día mientras nos sentamos en algún lugar, pensando en todas las cosas buenas que Él ha hecho por nosotros para decir tan sólo: "Gracias, Señor".

Esa es una religión vacía, algo que hacemos simplemente porque pensamos que Dios lo requiere de nosotros. La verdadera acción de gracias fluye continuamente de un corazón lleno de gratitud y alabanza a Dios, tanto por quién es Él como por lo que hace. No es algo que se hace para cumplir con algún requisito, ganar favor o cualificar para una bendición.

El tipo de acción de gracias que Dios el Padre desea es aquella que es provocada por la presencia de su Espíritu Santo dentro de nosotros, quien nos mueve a expresarle verbalmente al Señor lo que espiritualmente sentimos y experimentamos.

Hemos de ser agradecidos con Dios siempre, reconociendo, confesando y glorificando su nombre continuamente en alabanza y adoración poderosas.

LA PALABRA DE DIOS PARA USTED

Y busqué entre ellos hombre que hiciese vallado y que se pusiese en la brecha delante de mí, a favor de la tierra, para que yo no la destruyese; y no lo hallé.

EZEQUIEL 22:30

———————

Por lo cual puede también salvar perpetuamente a los que por él se acercan a Dios, viviendo siempre para interceder por ellos.

HEBREOS 7:25

LA ORACIÓN
DE INTERCESIÓN

Interceder quiere decir *pararse en la brecha* por otro, defender su caso delante del trono de Dios. Si hay un incumplimiento en la relación de las personas con Dios debido a algún pecado en particular en sus vidas, tenemos el privilegio de colocarnos en la brecha y orar por ellos. Podemos interceder por ellos y esperar verlos consolados y estimulados mientras esperan la respuesta. También podemos esperar a que ellos experimenten un gran avance oportuno al ser suplida su necesidad.

No sé qué haría si no hubiera gente intercediendo por mí. Le pido a Dios que traiga a mi vida gente que interceda por mí y por el cumplimiento del ministerio para el cual Él me ha llamado. Necesitamos la oración de intercesión de cada uno.

Orar por los demás es igual a sembrar una semilla. Debemos sembrar una semilla si hemos de cosechar (Gálatas 6:7). Sembrando semillas en las vidas de los demás mediante la intercesión es una manera segura de cosechar en su propia vida. Cada vez que oramos por otros, invitamos a Dios a no sólo obrar en la vida de la otra persona, sino también en la nuestra.

La intercesión es una de las maneras más importantes de continuar el ministerio de Jesucristo que Él comenzó en la Tierra.

**Liberamos el poder de Dios en las
vidas de los demás al orar por ellos.**

LA PALABRA DE DIOS PARA USTED

Encomienda a Jehová tu camino,
Y confía en él; y él hará.

SALMOS 37:5

...echando toda vuestra ansiedad sobre
él, porque él tiene cuidado de vosotros.

1 PEDRO 5:7

LA ORACIÓN
DE COMPROMISO

Cuando somos tentados a preocuparnos o resolver algún asunto en la vida, deberíamos hacer la oración de compromiso. Dios interviene en nuestras situaciones cuando se las encomendamos a Él.

En mi propia vida me di cuenta que mientras más intentaba resolver las cosas yo misma, en mayor desastre caía. Era bastante independiente y hallaba tan difícil humillarme y admitir que necesitaba ayuda. Sin embargo, cuando por fin me sometí a Dios en estas áreas y encontré gozo en echar mis ansiedades sobre Él, no podía creer que había vivido tanto tiempo bajo tanta presión.

Encomiende al Señor sus hijos, su matrimonio, sus relaciones y, en especial, cualquier cosa que le tienta a afanarse. Para poder ser exitosos siendo nosotros mismos, debemos encomendarnos a Dios continuamente, entregándole a Él aquellas cosas que aparentemente nos detienen. Sólo Dios sabe de verdad qué se tiene que realizar y Él es el único cualificado para realizarlo. Mientras más nos encomendamos sinceramente a Él, más progresamos.

**Un creyente que puede confiar en el
Padre cuando las cosas parecen no
tener sentido es un creyente maduro.**

LA PALABRA DE DIOS PARA USTED

Así que, hermanos, os ruego por las misericordias de Dios, que presentéis vuestros cuerpos en sacrificio vivo, santo, agradable a Dios, que es vuestro culto racional.

ROMANOS 12:1

LA ORACIÓN
DE CONSAGRACIÓN

Otro tipo de oración que cambia las vidas es la oración de consagración, en la cual nos entregamos a Dios. En la oración de consagración, le dedicamos nuestra vida y todo lo que somos a Él.

Para que Dios nos pueda usar, debemos entregarnos a Él por completo. Cuando nos consagramos de verdad al Señor, renunciamos a la carga de tratar de vivir la vida a nuestra manera. La consagración es un acto poderoso, pero debe ser sincera. Es tan fácil cantar junto a los demás una canción tal como "Yo me rindo a Él". Hasta nos podemos sentir movidos emocionalmente, pero la prueba verdadera se encuentra en el diario vivir cuando las circunstancias no siempre van como pensábamos. Es entonces que debemos cantar nuevamente "Yo me rindo a Él", consagrándonos al Señor de nuevo.

La consagración a Dios es el aspecto más importante en lograr ser uno mismo. No sabemos qué debemos ser, mucho menos cómo llegar a ser lo que se supone que seamos. Pero mientras mantenemos nuestras vidas en el altar en consagración a Dios regularmente, Él hará la obra que tiene que realizarse en nosotros para que Él pueda realizar la obra que desea lograr *a través* de nosotros.

**Cuando nos consagramos a Dios, nos convierte
en vasijas aptas para el uso del Maestro.**

LA PALABRA DE DIOS PARA USTED

Mas Jehová está en su santo templo;
calle delante de él toda la tierra.

HABACUC 2:20

Nuestra alma espera a Jehová; nuestra
ayuda y nuestro escudo es él.

SALMOS 33:20

LA ORACIÓN DE SILENCIO

También llamo a este tipo de oración "la espera en el Señor". En nuestra sociedad tan acelerada e instantánea, a menudo hace falta esta disciplina espiritual. Lo queremos ¡y lo queremos ahora! Si siempre estamos tan de prisa, nos perderemos la sabiduría que Dios quiere hablarnos al corazón si tan sólo estuviéramos en silencio delante de Él.

Elías que fe un hombre que aprendió el secreto del silencio, esperando en su presencia. Luego de matar a los profetas de Baal, Elías aprendió una lección valiosa en cuanto a esperar en Dios. El Señor le dijo a Elías que se parara en un monte y que esperara. Vino un gran viento, luego un gran terremoto y un gran fuego, pero el Señor no estuvo en ninguno de ellos. "Y tras el terremoto un fuego; pero Jehová no estaba en el fuego. Y tras el fuego un silbo apacible y delicado" (1 Reyes 19:12).

David también aprendió a esperar en la casa del Señor, y "buscar, contemplar e inquirir en su templo" (ver Salmo 27:4). Si queremos aprender cómo orar con eficacia, entonces tendremos que aprender a sentarnos en silencio y escuchar por su palabra. Esperar y escuchar nos quita el enfoque de nosotros mismos y lo pone en Él, quien es la contestación a todas nuestras necesidades.

A menudo es en el silencio cuando sentimos el poder de Dios moverse con el mayor poder. Permítale al Espíritu Santo a enseñarle cómo esperar en su presencia.

LA PALABRA DE DIOS
PARA USTED

Viniendo Jesús a la región de Cesarea de Filipo, preguntó a sus discípulos, diciendo: ¿Quién dicen los hombres que es el Hijo del Hombre?

Respondiendo Simón Pedro, dijo: Tú eres el Cristo, el Hijo del Dios viviente.

MATEO 16:13, 16

LA ORACIÓN DE CONFESIÓN

Cuando Pedro hizo la declaración sobre Jesús como el Cristo, el hijo del Dios viviente, liberaba con su boca la fe que estaba en su corazón. La oración y confesión de lo que conocemos en nuestros corazones, revelado mediante el Espíritu Santo, es una manera poderosa de orar y fortalecer nuestra fe.

Debemos entender que establecemos la fe que está en nuestros corazones mediante las palabras que pronunciamos de nuestra boca, tal como nos dice el apóstol Pablo en Romanos 10:10: *"Porque con el corazón se cree para justicia, pero con la boca se confiesa para salvación"*.

Por eso es tan importante la oración. Porque establecemos las cosas que creemos internamente cuando comenzamos a hablar sobre ellos externamente. Por eso es tan poderoso confesar las Escrituras en oración. Cuando hacemos eso, establecemos cosas en la esfera espiritual por las palabras que hablamos en el reino físico. Y eventualmente lo que se establece espiritualmente se manifestará físicamente.

Usted y yo debemos confesar constantemente la Palabra de Dios, creyendo en nuestros corazones y confesando con nuestras bocas lo que Dios ha dicho en cuanto nosotros en su Palabra.

Liberamos el poder del cielo cuando confesamos en el reino físico lo que Dios ya ha hecho por nosotros en la esfera espiritual.

LA PALABRA DE DIOS PARA USTED

Regocijaos en el Señor siempre.
Otra vez digo: ¡regocijaos!

FILIPENSES 4:4

Me alegraré y me regocijaré en ti;
cantaré a tu nombre, oh Altísimo.

SALMOS 9:2

LA ORACIÓN DE REGOCIJO

Dos veces en el pasaje de Filipenses, el apóstol Pablo nos dice que nos regocijemos. Nos insta a no preocuparnos ni tener ningún tipo de ansiedad en cuanto a cosa alguna, sino orar y dar gracias a Dios en todo, no *después* de que todo se acabe.

Si esperamos hasta que todo esté perfecto antes de regocijarnos y dar gracias, no nos divertiremos mucho. Aprender a disfrutar de la vida aun en medio de las circunstancias es una manera de que podamos desarrollar madurez espiritual. Pablo también escribe que nosotros "somos transformados de gloria en gloria en la misma imagen, como por el Espíritu del Señor" (2 Corintios 3:18). Tenemos que aprender cómo disfrutar de la gloria que experimentamos en cada nivel de nuestro desarrollo.

Aprendamos a hacer la oración de regocijo y alegrarnos en el Señor hoy y todos los días mientras vamos de camino a nuestra meta.

Cuando recién inicié mi ministerio, dependía de mis circunstancias para ser feliz. Finalmente, el Señor me mostró la puerta de la felicidad. Dios me dio un gran avance al enseñarme que la plenitud del gozo se encuentra en su *presencia*, ¡no en sus *presentes*!

**El gozo verdadero viene de
buscar el rostro de Dios.**

POR QUÉ LA ORACIÓN NO ES CONTESTADA

No hay apagones en el cielo, pero a menudo hay una escasez de oraciones en la Tierra.

LA PALABRA DE DIOS
PARA USTED

Amados, si nuestro corazón no nos reprende, confianza tenemos en Dios; y cualquiera cosa que pidiéremos la recibiremos de él, porque guardamos sus mandamientos, y hacemos las cosas que son agradables delante de él.

1 JUAN 3:21-22

CUATRO
POR QUÉ LA ORACIÓN NO ES CONTESTADA

Si hay algo que sé de verdad es que mis oraciones serán contestadas cuando entro en oración. Por mucho tiempo estuve frustrada por no ver mis oraciones contestadas a mi gusto. Sabía que tenía un Padre celestial amoroso que se deleita en contestar nuestras peticiones. Pero algo no estaba funcionando, así que busqué al Señor. Él comenzó a instruirme en su Palabra sobre unos cuantos obstáculos que obstruyen nuestra vida de oración. Mientras alineaba mi vida con los asuntos que Él me mostraba, comencé a ver más fe y poder en mi vida de oración. ¡Y más oraciones contestadas!

Cuando ora, ¿se siente cómodo?

Tal vez está bajo condenación, tal vez no está orando como un justo, o tal vez resguarda iniquidad en su corazón.

Si nuestras oraciones han de ser contestadas, entonces tendremos que aprender a perforar la esfera espiritual y permitir que el Espíritu Santo nos demuestre los obstáculos que desea que removamos de nuestras vidas. Entonces tenemos que ser obedientes a lo que nos demuestra para que nuestras oraciones se vuelvan efectivas y fervientes para el reino de Dios.

Permítale al Espíritu Santo convencerle, limpiarle y llenarle para que sus oraciones sean llenas de fe y poder.

LA PALABRA DE DIOS PARA USTED

En aquel día no me preguntaréis nada. De cierto, de cierto os digo, que todo cuanto pidiereis al Padre en mi nombre, os lo dará. [Éxodo 3:14.] Hasta ahora nada habéis pedido en mi nombre; pedid, y recibiréis, para que vuestro gozo sea cumplido.

JUAN 16:23-24

LA GENTE NO ORA VALIENTEMENTE

Nuestras oraciones no son contestadas porque no oramos valientemente. Tenemos que orar de una manera más específica y tener la audacia de ir delante de Dios y pedirle de verdad por lo que queremos y no avergonzarnos de hacer conocidas nuestras peticiones.

Una de las cosas más grandes que impide que la gente ore valientemente es ver lo incorrecto que la persona ha hecho en vez de lo correcto que Jesús ha hecho. La Biblia nos enseña simplemente que Dios "...al que no conoció pecado, por nosotros lo hizo pecado, para que nosotros fuésemos hechos justicia de Dios en él" (2 Corintios 5:21). Como somos justos en Él, podemos acercarnos al trono de gracia valientemente con nuestras necesidades.

Juan16:24-24 nos dice que podemos ir valientemente delante del trono en el nombre de Jesús. El nombre de Jesús es poderoso. Cuando uso el nombre de Jesús en mis oraciones, no es como algún encanto mágico que pego al final de todo. Cuando voy en el nombre de Jesús, estoy diciendo: "Padre, vengo a ti presentando hoy todo lo que es Jesús, ¡no lo que soy yo!

No sea impreciso: ¡sea precisamente audaz! Se sorprendería de las contestaciones que recibirá.

A Dios le encanta contestar nuestras oraciones audaces, hechas en el nombre de Jesús.

LA PALABRA DE DIOS
PARA USTED

Si en mi corazón hubiese yo mirado a la iniquidad, el Señor no me habría escuchado.

SALMOS 66:18

———————

Y sabemos que Dios no oye a los pecadores; pero si alguno es temeroso de Dios, y hace su voluntad, a ése oye.

JUAN 9:31

INIQUIDAD EN
MI CORAZÓN

A menudo nuestras oraciones no son contestadas por causa de la iniquidad que resguardamos en nuestros corazones. David dijo: Si en mi corazón hubiese yo mirado a la iniquidad, el Señor no me habría escuchado" (Salmos 66:18). Lo que esto quiere decir, para ser franca, es que el Señor no nos escucha cuando oramos si llegamos delante de Él con corazones impuros.

Si hay pecado en su vida, no podrá orar ni valientemente ni con confianza. Cuando usted ora y siente que no está cómodo, deténgase y pregúntele a Dios el porqué. Pídale que le revele cualquier cosa que esté escondida. Si Él le convence de algo, no sea vago en cuanto a eso. Llámelo lo que es: pecado. Recibimos liberación cuando admitimos y confesamos nuestro pecado y lo traemos a la luz. Él quiere que usted lo confiese para lavarle y restaurarle a una conciencia limpia para que pueda orar (1 Juan 1:9). Hay poder en la verdad y honestidad cuando llegamos limpios delante del Señor y caminamos en luz.

Asegúrese que su corazón esté puro delante de Él para que sus oraciones sean vivas y energizadas por el poder del Espíritu Santo.

**Dios oye sus oraciones cuando usted
se acerca con un corazón limpio.**

LA PALABRA DE DIOS PARA USTED

Por lo cual también nosotros, desde el día que lo oímos, no cesamos de orar por vosotros, y de pedir que seáis llenos del conocimiento de su voluntad en toda sabiduría e inteligencia espiritual...

COLOSENSES 1:9

LA GENTE NO ORA EN LA VOLUNTAD DE DIOS

Otra razón por la cual la oración no es contestada es que la gente no ora en la voluntad de Dios. Me gustaría decir que todos somos guiados por el Espíritu, y que todos oímos la voz de Dios. Nos estamos forzando por llegar ahí, pero aún no hemos llegado completamente.

A veces no resulta tan fácil descifrar si lo que usted desea es realmente la voluntad de Dios o sólo un deseo de la carne. Para poder conocer la voluntad de Dios, debe conocer la Palabra de Dios. El Salmo 119:105 dice: "Lámpara es a mis pies tu palabra, y lumbrera a mi camino". Debemos convertirnos en estudiantes de la Palabra. Otro asunto entra en acción en cuanto a la voluntad de Dios: el tiempo de Dios. Estar fuera del tiempo de Dios es igual a estar fuera de su voluntad. Si intento hacer que suceda ahora, entonces está fuera de la voluntad de Dios para mi vida hoy.

Primera de Juan 5:14 dice: "Y ésta es la confianza". Y si no estoy orando en la voluntad de Dios, no se encontrará conmigo así porque sí y darme el poder de orar con audacia. Pero si conoce la voluntad de Dios en cuando a su petición de oración, entonces de su espíritu brotará la fe para ayudarle a orar.

Es asombroso lo que la fe puede hacer cuando conocemos la voluntad de Dios.

LA PALABRA DE DIOS PARA USTED

...no tenéis lo que deseáis, porque no pedís. [1 Juan 5:15.] Pedís, y no recibís, porque pedís mal, para gastar en vuestros deleites.

SANTIAGO 4:2-3

PROPÓSITO Y
MOTIVOS EQUIVOCADOS

Según Santiago 3:3, muchas oraciones no son contestadas porque la gente ora erróneamente. Orar erróneamente quiere decir que oramos con el "propósito equivocado y motivos egoístas y malvados". Puede que usted ore por algo que sea la voluntad de Dios, pero está orando por el motivo incorrecto. Cuando apenas comienza a aprender a orar, usted es carnal, por ende orará carnalmente. Hará muchas oraciones por los motivos equivocados. No hablamos de lo que hacemos, sino por qué lo hacemos.

Hace años, pasaba muchas horas orando para que mi ministerio creciera. Quería verme bien frente a todo el mundo y quería verme exitosa. Quería que todo pareciera que fuera obvio que yo oía de parte de Dios. Y quería que la gente llegara a mis reuniones, porque mientras más gente llegaba, mejor me veía.

Ahora sé quién soy yo en Cristo y sé que mi valor no está en mi ministerio. En ese entonces oraba con el motivo erróneo. ¿Quiere usted que su vida de oración sea poderosa y efectiva? Entonces, antes de entrar en oración, revise sus motivos. Asegúrese de orar por razones que vienen de parte de Dios y con toda humildad.

**Cuando Dios halla humildad y
motivos correctos, su gracia
empodera nuestras oraciones.**

LA PALABRA DE DIOS PARA USTED

Porque de cierto os digo que cualquiera que dijere a este monte: Quítate y échate en el mar, y no dudare en su corazón, sino creyere que será hecho lo que dice, lo que diga le será hecho.

MARCOS 11:23

———

Y si alguno de vosotros tiene falta de sabiduría, pídala a Dios, el cual da a todos abundantemente y sin reproche, y le será dada. Pero pida con fe, no dudando nada; porque el que duda es semejante a la onda del mar, que es arrastrada por el viento y echada de una parte a otra.

SANTIAGO 1:5-6

DUDA E INCREDULIDAD

Otra razón por la cual la oración no es contestada es que la gente tiene duda e incredulidad en el corazón. La duda trae confusión y, a menudo, depresión. Mata nuestra fe y nos causa hacer confesiones negativas.

En Lucas 18, Jesús les contó a sus discípulos una parábola a los efectos de que deberían siempre orar y no acobardarse ni desmayar, ni desanimarse ni rendirse. Habló sobre la viuda que siguió presentando su caso delante del juez injusto hasta que actuó a su favor. Jesús nos está diciendo que si un juez injusto puede ser movido por la persistencia, cuánto más será movido nuestro Padre celestial amoroso si no nos damos por vencidos ni rendirnos por causa de la duda e incredulidad.

Tenemos que aprender a movernos en la esfera espiritual mediante la fe, en vez de depender de lo que vemos en lo natural. "Porque por fe andamos, no por vista" (2 Corintios 5:7). Aprenda a mantenerse en contacto con Dios, caminando siempre en su presencia. Si comienza usted a escuchar las mentiras del diablo, entonces pronto volverá a rugir la duda y la incredulidad. Aquellos dardos de fuego comienzan a hacerle la guerra a su mente. Acuérdese que la duda y la incredulidad son el producto de la mente y del enfoque erróneo.

Mirando hacia Jesús, el autor y consumador de nuestra fe detendrá la duda y la incredulidad.

LA PALABRA DE DIOS
PARA USTED

Entrad por sus puertas con acción de gracias, por sus atrios con alabanza; alabadle, bendecid su nombre.

SALMOS 100:4

Te confesaré en grande congregación; te alabaré entre numeroso pueblo.

SALMOS 35:18

INGRATITUD

A menudo, la oración no es contestada por causa de la ingratitud de la gente. Son personas que se quejan, murmuran y buscan fallas en otros. Tenemos que cuidarnos de no ser así. Tenemos que ser el tipo de gente que es agradecida por lo que Dios está haciendo. Si nos quejamos y somos malagradecidos en todo tiempo, tendremos dificultad en recibir contestación a nuestras oraciones.

Si quiere usted ver a Dios obrar en su cónyuge, sus hijos, sus finanzas, sus circunstancias o su empleo, tiene que ser agradecido por lo que ya tiene.

Dios me dijo una vez: "Joyce, cuando la gente ora y me pide cosas, si no tiene un corazón agradecido, me es una indicación clara que ya está quejándose, intentando lidiar con lo que tiene". El plan completo del diablo es mantenerlo a usted insatisfecho con algo en cada momento, quejándose y buscando fallas. Cuando usted es ingrato, se está impidiendo de progresar y madurar en el Espíritu.

Dios quiere que crezcamos en madurez y volvernos más como su hijo, Jesús. La contestación de Dios hacia la ingratitud es una vida llena de alabanza y acción de gracias.

Busque por algo hoy por lo cual estar agradecido y ofrezca una oración de alabanza y acción de gracias.

LA PALABRA DE DIOS
PARA USTED

*Así será mi palabra que sale de mi boca;
no volverá a mí vacía, sino que hará
lo que yo quiero, y será prosperada
en aquello para que la envié.*

ISAÍAS 55:11

———————

*Porque la palabra de Dios es viva y eficaz, y
más cortante que toda espada de dos filos;
y penetra hasta partir el alma y el espíritu,
las coyunturas y los tuétanos, y discierne los
pensamientos y las intenciones del corazón.*

HEBREOS 4:12

ORACIONES NO BASADAS
EN LA PALABRA

Tampoco hay contestaciones debido a que no son basadas en la Palabra de Dios. El profeta Isaías dice: "Mi palabra...no volverá a mí vacía" (55:11). Dios dice que su Palabra siempre cumplirá el propósito por el cual Dios la ha enviado. Aprende la Palabra, hable la Palabra, ore la Palabra. Deje que Dios sepa que usted está parado en el fundamento de la Palabra.

Cuando el diablo intenta mentirle, cítele las escrituras. La Biblia dice que la Palabra es "más cortante que toda espada de dos filos" (Hebreos 4:12). Tenemos que asegurarnos que las oraciones que hacemos son producidas por el Espíritu de Dios, y no por nuestras emociones. Si permanecemos en la Palabra, Dios nos enseñará cuando operamos en el alma y cuando operamos en el Espíritu. El Espíritu Santo usa la Palabra para juzgar los mismos pensamientos y propósito de nuestros corazones.

Si hablo la Palabra de Dios alineada con su voluntad, entonces puedo asegurarme que lo que oro no volverá vacío. Dios promete cumplir su Palabra.

**El Espíritu Santo le acelerará la Palabra a usted
para empoderar sus oraciones con fe y certeza.**

LA PALABRA DE DIOS
PARA USTED

*La muerte y la vida están en poder
de la lengua, y el que la ama comerá
de sus frutos. [Mateo 12:27.]*

PROVERBIOS 18:21

---

*El que guarda su boca guarda su alma; mas el
que mucho abre sus labios tendrá calamidad.*

PROVERBIOS 13:3

CONFESIÓN NEGATIVA

Si queremos que nuestras oraciones sean contestadas, no podemos orar y luego negarlas con la confesión negativa. Digamos que una madre está orando por un hijo que tiene problemas en la escuela. Así que hace la oración de fe y le cree a Dios por el avance. Luego almuerza con dos vecinas y pasa la próxima hora, diciendo: "Estoy harta de estos problemas que tengo con mi hijo. ¿Por qué a mí?".

Este tipo de confesión negativa hace su oración borrón y cuenta nueva. Sería mejor no perder el tiempo orando hasta que tome la decisión de alinear su boca con sus oraciones.

Cuando sus vecinos le pregunten cómo está su hijo, diga: "¿Sabe qué? En lo natural las cosas no han cambiado mucho, pero estoy orando por él y tengo la certeza en el corazón de que Dios está realizando una obra poderosa en su vida".

Ya cuando ha asegurado la contestación mediante la oración, entonces tiene usted que asegurarse que su confesión esté de acuerdo a lo que le ha pedido a Dios hacer. No permita que el diablo le haga caer cuando la gente le pregunte cosas que puedan llevarlo a contestar de una manera negativa. Contésteles con una confesión positiva de la Palabra de Dios.

Cuando usted alinea su boca con la confesión positiva de la Palabra de Dios, verá resultados asombrosos.

LA PALABRA DE DIOS
PARA USTED

Porque el siervo del Señor no debe
ser contencioso, sino amable para con
todos, apto para enseñar, sufrido.

2 TIMOTEO 2:24

———————

Quítense de vosotros toda amargura, enojo,
ira, gritería y maledicencia, y toda malicia.

EFESIOS 4:31

CONTIENDA

La contienda es un ladrón y salteador con quien tenemos que aprender a reconocer y lidiar rápidamente. Tenemos que controlar la contienda antes de que nos controle a nosotros.

La contienda se define como "el acto o estado de pelear o reñir, especialmente con rencor…discordia". Es discutir, argumentar, involucrarse en un desacuerdo acalorado, o surge como un sentimiento subyacente de enojo. La contienda es peligrosa. Es una fuerza demoniaca enviada por Satanás con el propósito de destruir.

Casi todas las veces que alguien quiere lastimarnos u ofendernos, surge el enojo dentro de nosotros. No es pecado sentir enojo. Pero no podemos actuar sobre el enojo de alguna manera que no sea de Dios. No tenemos que guardar rencor o entrar en amargura, resentimiento o falta de perdón.

Una actitud de juicio es una puerta abierta para la contienda. Debemos acordarnos que la compasión vence al juicio (Santiago 2:13, NVI). Usualmente el juicio conlleva al chisme. El chisme comienza a esparcir la contienda de persona en persona. Nos saca del acuerdo, la armonía y la unidad. En realidad, nos saca de las bendiciones de Dios.

Cuando la tentación de juzgar a los demás se acerca, y luego esparcimos nuestra opinión mediante el chisme y la murmuración, debemos acordarnos de este consejo útil: "El que de vosotros esté sin pecado sea el primero en arrojar la piedra" (Juan 8:7).

Recuerde: Dios cambia las cosas mediante la oración y la fe, no mediante el juicio y chisme.

LA PALABRA DE DIOS
PARA USTED

Y cuando estéis orando, perdonad, si tenéis algo contra alguno, para que también vuestro Padre que está en los cielos os perdone a vosotros vuestras ofensas. Porque si vosotros no perdonáis, tampoco vuestro Padre que está en los cielos os perdonará vuestras ofensas.

MARCOS 11:25-26

———————

Entonces se le acercó Pedro y le dijo: Señor, ¿cuántas veces perdonaré a mi hermano que peque contra mí? ¿Hasta siete? Jesús le dijo: No te digo hasta siete, sino aun hasta setenta veces siete.

MATEO 18:21-22

FALTA DE PERDÓN

Una de las más grandes razones por la cual la oración no es contestada entre los cristianos es *la falta de perdón*. En Marcos 11 Jesús les da a sus discípulos el mandamiento de perdonar. Y luego les dijo simple y llanamente que si ellos no perdonan, tampoco su Padre en el cielo les perdonará sus fallas y defectos. Fue muy directo con ellos porque sabía lo que una piedra de tropiezo por la falta de perdón sería para su vida espiritual.

Es importante notar que el perdón y tener la fe de mover montañas viene en el mismo contexto. No hay poder en hablarle a una montaña si el corazón está lleno de falta de perdón. Aun así, es este un problema rampante entre los hijos de Dios. Si hay algo que produce un cortocircuito en Dios para poder contestar nuestras oraciones, es un corazón lleno de falta de perdón y amargura hacia los demás. No puede entrar en su lugar de oración y esperar que Dios mueva montañas para usted o a favor de otros cuando usted mismo ha endurecido el corazón por la falta de perdón.

Jesús le dijo a Pedro que debía estar dispuesto a perdonar setenta veces siete: 490 veces. Jesús quería mostrarles a sus discípulos que el perdón era una de las llaves para abrir el reino de Dios en sus vidas, si querían tener poder en sus oraciones.

Extienda la misericordia abundante y el perdón tal como Cristo lo perdonó a usted en Cristo.

Oración en el nombre de Jesús

Se nos ha dado el nombre más poderoso en el cielo y la tierra para ser usado cuando oramos. ¡Usémoslo!

LA PALABRA DE DIOS
PARA USTED

...y cuál la supereminente grandeza de su poder para con nosotros los que creemos, según la operación del poder de su fuerza, la cual operó en Cristo, resucitándole de los muertos y sentándole a su diestra en los lugares celestiales, sobre todo principado y autoridad y poder y señorío, y sobre todo nombre que se nombra, no sólo en este siglo, sino también en el venidero; y sometió todas las cosas bajo sus pies, y lo dio por cabeza sobre todas las cosas a la iglesia, [Salmo 8:6.] la cual es su cuerpo, la plenitud de Aquel que todo lo llena en todo.

EFESIOS 1:19-23

CINCO
ORACIÓN EN EL NOMBRE DE JESÚS

Por muchos años usé el nombre de Jesús sin obtener los resultados que se me había dicho que obtendría. Comencé a preguntarle a Dios por qué si estaba usando el nombre que se suponía que tuviera poder sobre todas las circunstancias que estuvieran fuera de su voluntad aún no veía resultados. El Espíritu Santo comenzó a revelarme que liberar poder en el nombre de Jesús requiere fe en ese nombre, ese nombre que es tan poderoso que cuando se menciona con fe, cada rodilla debe doblarse en las tres esferas: cielo, tierra y debajo de la tierra.

Jesús vino del altísimo cielo; estuvo en la tierra y descendió al Hades, debajo de la tierra y ahora está sentado a la diestra del Padre en el altísimo cielo. Ha dado la vuelta completa; por ende, ha llenado todo lugar de sí mismo. Él está sentado sobre todo y tiene el Nombre que está sobre todo nombre. Su nombre es el nombre más alto, el nombre más poderoso ¡y su nombre se nos ha dado para usarlo en oración!

¡Qué privilegio tenemos de usar el nombre de Jesús, el cual está sobre todo nombre!

LA PALABRA DE DIOS
PARA USTED

*La mujer cuando da a luz, tiene dolor,
porque ha llegado su hora; pero después
que ha dado a luz un niño, ya no se
acuerda de la angustia, por el gozo de
que haya nacido un hombre en el mundo.
También vosotros ahora tenéis tristeza;
pero os volveré a ver, y se gozará vuestro
corazón, y nadie os quitará vuestro gozo.
En aquel día no me preguntaréis nada. De
cierto, de cierto os digo, que todo cuanto
pidiereis al Padre en mi nombre, os lo dará.
[Éxodo 3:14.] Hasta ahora nada habéis
pedido en mi nombre; pedid, y recibiréis,
para que vuestro gozo sea cumplido.*

JUAN 16:21-24

SU NOMBRE TOMA SU LUGAR

Oh, cuán maravilloso hubiera sido poder caminar físicamente con Jesús. Pero les dijo a sus seguidores que estarían mejor si Él se fuera, porque Él enviaría su Espíritu Santo a morar en cada creyente (Juan 16:7).

Les dijo que aunque estuvieran tristes con la noticia de su pronta partida, se regocijarían nuevamente tal como una mujer se entristece durante el parto, pero se regocija cuando nace el hijo.

Él dijo que cambiarían de parecer cuando vieran la gloria del Espíritu Santo en ellos y la disponibilidad de su poder para cada uno de ellos mediante el privilegio de usar su nombre en oración. Literalmente les estaba dando y les ha dado a todos los que creen en Él su poder, el derecho legal de usar su nombre. Su nombre toma su lugar; su nombre lo representa a Él.

Jesús ya ha sido perfeccionado para nosotros; por ende, no hay presión sobre nosotros de sentir que debemos tener un récord de comportamiento perfecto antes de orar. Entonces cuando vamos delante del Padre en el nombre de Jesús, podemos confesar nuestro pecado, recibir su perdón y hacer nuestras peticiones conocidas delante de Él valientemente.

**Cuando el nombre de Jesús es
pronunciado por un creyente con fe,
recibe la atención de todo el cielo.**

LA PALABRA DE DIOS
PARA USTED

Si algo pidiereis en mi nombre, yo lo haré.

JUAN 14:14

Pero algunos de los judíos, exorcistas ambulantes, intentaron invocar el nombre del Señor Jesús sobre los que tenían espíritus malos, diciendo: Os conjuro por Jesús, el que predica Pablo. Había siete hijos de un tal Esceva, judío, jefe de los sacerdotes, que hacían esto. Pero respondiendo el espíritu malo, dijo: A Jesús conozco, y sé quién es Pablo; pero vosotros, ¿quiénes sois? Y el hombre en quien estaba el espíritu malo, saltando sobre ellos y dominándolos, pudo más que ellos, de tal manera que huyeron de aquella casa desnudos y heridos.

HECHOS 19:13-16

El nombre de Jesús no es magia

El nombre de Jesús no es una "palabra mágica" o un conjuro ritual que se añade al final de una oración para asegurar su efectividad.

En el libro de los Hechos leemos sobre los milagros poderosos que Dios hizo a través de la vida de Pablo. Dios honró la fe de Pablo cuando él hablaba en el nombre de Jesús. Sin embargo, ciertos exorcistas judíos intentaron usar el nombre de Jesús como si fuera un simple conjuro que se mencionaba. La Biblia dice que "el hombre en quien estaba el espíritu malo, saltando sobre ellos y dominándolos, pudo más que ellos" (Hechos 19:16). El espíritu habló y dijo que conocía a Jesús y a Pablo, pero no a ellos.

Si hemos de orar y usar el poderoso nombre de Jesús, entonces debemos estar en una relación viva y de obediencia con Él. Entonces el poder del Espíritu Santo fluirá de nuestras vidas y nos librará a nosotros y a otros de las ataduras del diablo.

Toda oración que es dirigida por el Espíritu involucra orar en la voluntad de Dios, ¡no la del hombre! Es imposible orar en la voluntad de Dios sin conocer la Palabra de Dios. Sí, ciertamente Dios le presta atención a las oraciones que llegan en el nombre de Jesús, pero no a aquellas que están fuera de su voluntad.

Usted tiene que conocer a Jesús como Señor antes de poder usar su nombre con poder.

LA PALABRA DE DIOS
PARA USTED

*He aquí os doy potestad de hollar
serpientes y escorpiones, y sobre toda
fuerza del enemigo, y nada os dañará.*

LUCAS 10:19

———————————

*Y por la fe en su nombre, a éste, que
vosotros veis y conocéis, le ha confirmado
su nombre; y la fe que es por él ha
dado a éste esta completa sanidad
en presencia de todos vosotros.*

HECHOS 3:16

EL NOMBRE DE JESÚS ES PODER

El nombre de Jesús es poder. Ningún padre amoroso le entregará poder a un bebé, porque el padre sabe que el niño se lastimaría. Los padres no retienen el poder de sus hijos para hacerles daño, sino para ayudarles o mantenerlos fuera de peligro. Así mismo es nuestro Padre celestial. Nos dice qué está disponible para nosotros, y luego mediante el Espíritu Santo nos ayuda a madurar hasta el punto donde podemos lidiar con lo que él desea que tengamos. Yo creo que el poder que está en el nombre de Jesús es ilimitado. También creo que nuestro Padre celestial nos lo entrega porque sabe que podemos lidiar con él de manera apropiada.

Cuando Jesús comenzó a hablarles a sus discípulos en cuando al privilegio de orar en su nombre y que sus peticiones fueran otorgadas, Él dijo: "De cierto de cierto os digo…"; con cierta solemnidad. Creo que el poder de Dios es una responsabilidad solemne. ¡El poder de Dios no es un juguete! No se debe entregar a los que sólo juegan, pero sino a aquellos que de verdad están listos para continuar con el programa de Dios para sus vidas.

Mientras usted continua creciendo y madurando en Cristo, puede buscar unas dimensiones nuevas y emocionantes en su caminar con el Señor.

LA PALABRA DE DIOS
PARA USTED

*Y todo aquel que invocare el
nombre del Señor, será salvo.*

HECHOS 2:21

EN TIEMPOS DE CRISIS

Años antes de que se establecieran las leyes sobre el cinturón de seguridad, un amigo mío conducía un día junto a su hijo por una intersección muy transitada. La puerta del pasajero no se cerró bien e hizo un viraje brusco. La puerta se abrió y ¡el niño rodó fuera del auto justo al pleno tránsito! Lo último que vio mi amigo fue las llantas de un auto a punto de aplastar a su hijo. Lo único que sabía él hacer fue clamar: "¡Jesús!".

Paró el auto suyo y corrió hacia su hijo. Para su asombro, su hijo estaba perfectamente bien. Pero el hombre que conducía el auto, que por poco arrollaba al niño, estaba histérico.

"Señor, ¡tranquilo!", dijo mi amigo. "Mi hijo está bien. ¡Sólo dele gracias a Dios que usted pudo frenar!"

"¡Es que usted no entiende!", respondió el hombre. "¡Nunca lo frené!"

Aunque no había algo humanamente posible, el nombre de Jesús prevaleció, y se salvó la vida del niño.

En tiempos de crisis, invoque al nombre de Jesús. Mientras más vemos usted y yo cuan fiel es Él en tiempos de necesidad y de crisis, más atestiguamos el poder de su nombre sobre situaciones y circunstancias, más se desarrolla nuestra fe en su nombre.

Hay poder en el nombre de Jesús para cada crisis que hemos de enfrentar.

LA PALABRA DE DIOS PARA USTED

Haya, pues, en vosotros este sentir que hubo también en Cristo Jesús, el cual, siendo en forma de Dios, no estimó el ser igual a Dios como cosa a que aferrarse, sino que se despojó a sí mismo, tomando forma de siervo, hecho semejante a los hombres; y estando en la condición de hombre, se humilló a sí mismo, haciéndose obediente hasta la muerte, y muerte de cruz.

FILIPENSES 2:5-8

LA OBEDIENCIA Y
EL NOMBRE DE JESÚS

Jesús se volvió extremadamente obediente; por ende, le fue dado un nombre que es sobre todo nombre. Pero no nos envolvamos tanto en el poder que estos versículos tienen que nos olvidemos de la obediencia de la cual hablan.

Juan 14:15 dice: "Si me amáis, guardad mis mandamientos".

¡La obediencia es importante!

Ahora que entiende que, fuera de la ayuda del Señor, la capacidad de ser perfectamente obediente no está en nosotros, pero si tenemos un corazón dispuesto en nuestro interior, y hacemos lo que Él desea, entonces enviará al Espíritu a realizar lo que no podemos nosotros.

No estoy diciendo que el poder en el nombre de Jesús no funciona sin la obediencia perfecta. Sólo digo que el poder que hay en el nombre de Jesús no se le entregará a nadie que no prosigue a la meta, al premio del supremo llamamiento de Dios en Cristo Jesús (Filipenses 3:14), la cual es la madurez, y la madurez requiere obediencia extrema. La obediencia extrema requiere una disposición de sufrir en la carne, en una manera agradable a Dios, por ejemplo, negarse a sí mismo algo que quiere pero sabe que no le conviene, si es el caso, para conocer y cumplir con la voluntad de Dios.

Para que podamos experimentar la libertad que Jesús compró para nosotros, tenemos que ser obediente a su Palabra.

LA PALABRA DE DIOS
PARA USTED

Porque la mujer casada está sujeta por la ley al marido mientras éste vive; pero si el marido muere, ella queda libre de la ley del marido. Así también vosotros, hermanos míos, habéis muerto a la ley mediante el cuerpo de Cristo, para que seáis de otro, del que resucitó de los muertos, a fin de que llevemos fruto para Dios.

ROMANOS 7:2,4

---

*Pero el que se une al Señor,
un espíritu es con él.*

1 CORINTIOS 6:17

Para usar el nombre, debe estar "casado"

Estudiaba sobre el nombre de Jesús cuando el Señor me habló al corazón. Dijo: "Joyce, cuando te casaste con Dave, recibiste su apellido y el poder de todo lo que significa el apellido Meyer". Me recordó que puedo usar el nombre Dave Meyer y obtener los mismos resultados que Dave pudiera obtener si estuviera él conmigo. Puedo hasta ir al banco y retirar el dinero de Dave, porque cuando dos personas se casan, toda la propiedad de cada uno le pertenece al otro.

Mediante este ejemplo del diario vivir, el Espíritu Santo intentaba enseñarme que aunque tenía una relación con el Señor, era más como un noviazgo que un matrimonio. Me gustaba "salir con Él en una cita", pero cuando "la cita" se acababa, quería ir por mi propio camino. Quería todo de Él, de su favor y sus beneficios, pero no me quería entregar a Él por completo.

El apóstol Pablo nos dice que hemos muerto a la ley de pecado y de muerte y ahora estamos casados con otro para que lleve fruto por Él. Acuérdese: usted no puede usar legalmente el nombre hasta después de casarse con Jesús.

Jesús es el novio y somos su novia. Así es como lo planificó Dios el Padre, y es la única manera en la cual funcionará apropiadamente su plan.

LA PALABRA DE DIOS
PARA USTED

*Habiendo reunido a sus doce discípulos,
les dio poder y autoridad sobre todos los
demonios, y para sanar enfermedades.
Y los envió a predicar el reino de
Dios, y a sanar a los enfermos.*

LUCAS 9:1-2

EJERCER AUTORIDAD
EN EL NOMBRE

Como creyentes tenemos que reconocer que el poder da el derecho a *mandar* en el nombre de Jesús.

Oramos y le pedimos al Padre por las cosas en el nombre de Jesús, pero al enemigo le mandamos en ese nombre. Les hablamos a las circunstancias, los principados y poderes, utilizando el poder con el cual Jesús mismo nos ha investido. Al ejercer nuestro ministerio de liberación, no imponemos manos sobre alguien y comenzamos a pedirle a Dios que lo eche fuera. Lo mandamos a salir en el nombre de Jesús.

Antes de poder ejercer esta autoridad, ya hemos orado al Padre en el nombre de Jesús. Ahora proseguimos a usar el poder que Dios nos ha otorgado y ejercemos la autoridad inherente en el nombre de su hijo, Jesús.

Lo mismo se aplica a sanar a los enfermos. Hay momentos para hacer la oración de fe en el nombre de Jesús (Santiago 5:15); hay momentos para ungir con aceite (Santiago 5:14); pero también hay momentos para simplemente mandar o hablar en el nombre de Jesús.

Pase tiempo diariamente con el Señor. Tenga comunión con Él, pida, ore, busque y salga de ese tiempo equipado para la tarea asignada.

**Cuando haga el trabajo del reino, ejerza
la autoridad en el nombre de Jesús.**

LA PALABRA DE DIOS PARA USTED

Mas Pedro dijo: No tengo plata ni oro, pero lo que tengo te doy; en el nombre de Jesucristo de Nazaret, levántate y anda.

HECHOS 3:6

No sea egoísta con el nombre

Creo que hay personas que han escuchado los mensajes del poder que está disponible para ellos en el nombre de Jesús, quienes están ocupados usando el nombre esperando obtener todo lo que han deseado. Ciertamente lo podemos y debemos usar el nombre a favor nuestro, mientas que lo usemos para cumplir con la voluntad de Dios para nuestras vidas y no para la voluntad nuestra propia. Sin embargo, hay otro aspecto de usar el nombre en la oración: *usar el nombre de Jesús para orar por otros.*

En realidad, esto es lo que hacían los apóstoles en el libro de los Hechos. Jesús los envió empoderados con su autoridad y nombre, y se ocuparon de intentar usarlo para ayudar a los demás. Usaban el nombre de Jesús para traer salvación, sanación, liberación y el bautismo del Espíritu Santo a todos aquellos por los cuales Cristo había muerto que aún no le conocían.

Tome el nombre de Jesús y ame a la gente con el mismo. Cuando vea una necesidad, susurre una oración en el nombre de Jesús. Dios le ha confiado a cada creyente dos ministerios: el ministerio de la *reconciliación* y el ministerio de la *intercesión.*

Tanto se puede lograr en la tierra como creyentes cuando usamos el nombre de Jesús sin egoísmo.

LA PALABRA DE DIOS
PARA USTED

*Y a Aquel que es poderoso para hacer todas
las cosas mucho más abundantemente
de lo que pedimos o entendemos, según
el poder que actúa en nosotros.*

EFESIOS 3:20

MUCHO MÁS
ABUNDANTEMENTE

Cuando oro por todos los afligidos, tengo un deseo fuerte de ayudarlos a todos. Siento que mi deseo es más grande que mi capacidad, y lo es ¡pero no más grande que la capacidad de Dios!

Cuando las cosas a las que nos enfrentamos en nuestras vidas o ministerio se ven tan grandes en nuestros ojos que nuestra mente se ve afectada, tenemos que *pensar en el Espíritu*. En lo natural, muchas cosas son imposibles. Pero Dios quiere que creamos por cosas grandes, planifiquemos en grande y esperemos que Él haga cosas que nos dejarán boquiabiertos en asombro.

Muy pocas veces llama Dios a personas que son capaces; si lo hiciera, no recibiría Él la gloria. Frecuentemente escoge a los que, en lo natural, sienten que simplemente no pueden con la situación, pero están listos para levantarse y pararse firmes y tomar pasos valientes en fe. Ellos han aprendido el secreto de usar el nombre de Jesús y de depender en aquel poder "sobreabundante" que obra dentro de ellos.

Cuando nuestros deseos parezcan abrumadoramente grandes, y no vemos cómo realizarlos, debemos recordar que aunque no conozcamos el camino, ¡conocemos al que traza los caminos!

**Por causa de su poder abundante dentro
de nosotros, Dios tiene una manera
para que podamos lograr todo lo que
Él pone en nuestros corazones.**

LA PALABRA DE DIOS PARA USTED

Dijo Moisés a Dios: He aquí que llego yo a los hijos de Israel, y les digo: El Dios de vuestros padres me ha enviado a vosotros. Si ellos me preguntaren: ¿Cuál es su nombre?, ¿qué les responderé? Y respondió Dios a Moisés: YO SOY EL QUE SOY. Y dijo: Así dirás a los hijos de Israel: YO SOY me envió a vosotros.

ÉXODO 3:13-14

Jesús les dijo: De cierto, de cierto os digo: Antes que Abraham fuese, yo soy.

JUAN 8:58

El nombre de
Dios es YO SOY

He contemplado estos versículos por mucho tiempo. Para mí, son escrituras asombrosas que contienen mucho más de lo que podemos darnos cuenta. ¿Qué significaba cuando Dios le decía a Moisés que se refería a sí mismo como YO SOY?

Dios dice tanto aquí, tan grande, que no hay manera de describirlo apropiadamente. ¿Cómo podemos describir en un nombre a alguien que lo es todo?

Dios le dijo a Moisés: "YO SOY puede encargarse de todo con lo que te topes. Lo que sea que necesites, YO SOY eso. O lo tengo o lo puedo obtener. Y si no existe, lo crearé. Tengo todo bajo control, no tan sólo por ahora, pero por siempre. ¡Relájate!".

Jesús les respondió a sus discípulos de la misma manera que Dios el Padre le respondió a Moisés. Apocalipsis 1:8 declara a Jesús como el Alfa y la Omega. Eso quiere decir el primero y el último, el principio y el fin. Él siempre ha sido y siempre será.

Nuestras mentes humanas limitadas no pueden expandirse lo suficiente para comenzar a comprender el poder ilimitado que se ha investido en su nombre glorioso.

Cuando oramos en el nombre de Jesús, oramos en el nombre del gran YO SOY: el Dios omnipotente de toda la eternidad.

**El Señor es el omnipresente YO SOY.
Siempre con nosotros. Todo lo que
necesitamos o hemos de necesitar.**

ACERCA DE LA AUTORA

Joyce meyer ha enseñado la Palabra de Dios desde 1976, y se ha dedicado al ministerio a tiempo completo desde 1980. Es autora de más de cien exitosos libros inspiradores, incluyendo *Adicción a la aprobación*, *Mujer segura de sí misma*, *Cómo oír a Dios* y *El campo de batalla de la mente*. También ha producido miles de estudios en audio, así como una biblioteca de vídeo completa. El programa de radio y televisión *Disfrutando la vida diaria*, presentado por Joyce, es difundido en todo el mundo; y ella viaja extensamente para impartir conferencias. Joyce y su esposo Dave son padres de cuatro hijos adultos y viven en la ciudad de San Luis, Misuri.

Para contactar a la autora escriba:
Joyce Meyer Ministries
P. O. Box 655
Fenton, Missouri 63026
O llame a: (636) 349-0303
1-800-727-9673

Dirección de internet: www.joycemeyer.org

Por favor, incluya su testimonio o la ayuda recibida de este libro cuando escriba. Sus pedidos de oración son bienvenidos.

Joyce Meyer Ministries—Canadá
P.O. Box 7700
Vancouver, BC V6B 4E2
Canada
1 (800) 868-1002

Joyce Meyer Ministries—Australia
Locked Bag 77
Mansfield Delivery Centre
Queensland 4122
Australia
+61 7 3349 1200

Joyce Meyer Ministries—Inglaterra
P.O. Box 1549
Windsor SL4 1GT
United Kingdom
+44 1753 831102